Los sólidos

Lisa Greathouse

Asesor

Scot Oschman, Ph.D.
Distrito escolar unificado península de Palos Verdes
Rancho Palos Verdes, California

Créditos

Dona Herweck Rice, *Gerente de redacción*; Lee Aucoin, *Directora creativa*; Don Tran, *Gerente de diseño y producción;* Timothy J. Bradley, *Gerente de ilustraciones*; Conni Medina, M.A.Ed., *Directora editorial*; Katie Das, *Editora asociada*; Neri Garcia, *Diseñador principal*; Stephanie Reid, *Editora fotográfica*; Rachelle Cracchiolo, M.S.Ed., *Editora comercial*

Créditos fotográficos

portada FreshPaint/Shutterstock; p.1 FreshPaint/Shutterstock; p.4 (izquierda) Matthew Cole/Shutterstock, (derecha) Losevsky Pavel/Shutterstock; p.5 Wendy Shiao/istockphoto; p.6 Tom Young/istock; p.7 (arriba) MarFot/Shutterstock, (izquierda) Gjermund Alsos/Shutterstock, (derecha) aida ricciardiello/Shutterstock; p.8 (izquierda) Andresr/Shutterstock, (derecha) Jacqueline Abromeit/Shutterstock; p.9 Maksym Gorpenyuk/Shutterstock; p.10 (arriba) Lawrence Roberg/Shutterstock, (abajo) Timo Kohlbacher/Shutterstock; p.11 (arriba) debr22pics/Shutterstock, (abajo) STILLFX/Shutterstock; p.12 Mario Lopes/Shutterstock; p.13 FreshPaint/Shutterstock; p.14 Vulkanette/Shutterstock; p.15 Monkey Business Images/Shutterstock; p.16 Darren Baker/Shutterstock; p.17 xj/Shutterstock; p.18 Smoki/Shutterstock, p.19 Aida Ricciardiello/Shutterstock; p.20 sjeacle/Shutterstock; p.21 (izquierda) evan66/Shutterstock, (centro) Bonita R. Cheshier/Shutterstock, (derecha) Yellowj/Shutterstock; p.22 Michael William/Shutterstock; p.23 Stephanie Reid; p.24 Julija Sapic/Shutterstock; p.25 A. L. Spangler/Shutterstock; p.26-27 Daniela Andreea Spyropoulos/istock; p.28 Rocket400 Studio; p.29 Ana Clark; p.32 JoBea Holt

Teacher Created Materials
5301 Oceanus Drive
Huntington Beach, CA 92649-1030
http://www.tcmpub.com

ISBN 978-1-4333-2591-5

Printed in China
Nordica.072018.CA21800844

Tabla de contenido

A nuestro alrededor

Mira a tu alrededor. ¿Qué ves? ¿Una ventana? ¿El libro que estás leyendo? ¿Una silla? ¡Todo es **materia**! La materia es lo que nos rodea.

Todo aquí es un sólido.

Hay tres tipos principales de materia: sólidos, líquidos y gases. Casi todo en el mundo es de uno de estos.

¿Qué es la materia?

¿Qué tipo de materia piensas que es este libro? Bueno, si fuera un líquido, ¡gotearía de tu escritorio! Si fuera un gas, flotaría en el aire. ¡Entonces debe ser un sólido!

El aire en el globo es un gas.

El agua en el vaso es un líquido.

La caja es un sólido.

Todos los tipos de materia tienen una cosa en común: todos ocupan espacio.

Un sólido es un tipo de materia que mantiene su propia forma. Eso quiere decir que este libro siempre se verá como un libro. Una silla siempre se verá como una silla.

Todas estas cosas son sólidos.

Es difícil cambiar la forma o el tamaño de un sólido. ¡La mayoría de los sólidos no se derriten si se calientan y no se van flotando!

Un sólido puede ser de metal, de madera o de vidrio. Puede ser de papel, de plástico o de tela. Puede ser de cualquier color. Puede ser tan liviano como una pluma o tan pesado como un camión.

Éstas se llaman **propiedades**. Una propiedad es cómo se ve, se siente o se comporta un objeto.

Hay algo en una de estas fotografías que no es un sólido. ¿Lo ves?

Los sólidos casi siempre son duros. Eso es porque sus **partículas**, o partes, están muy juntas.

Cuanto más cerca están las partículas unas de otras, más duro es el sólido. ¡Las partículas de una roca están muy juntas!

Duros y hermosos

Los diamantes son uno de los sólidos naturales más duros. Pueden cortar el vidrio y el acero.

Los sólidos pueden cambiar

La mayor parte del tiempo, la materia permanece igual. Un sólido es un sólido. Un líquido es un líquido. Pero algunas materias pueden cambiar si se calientan o se enfrían.

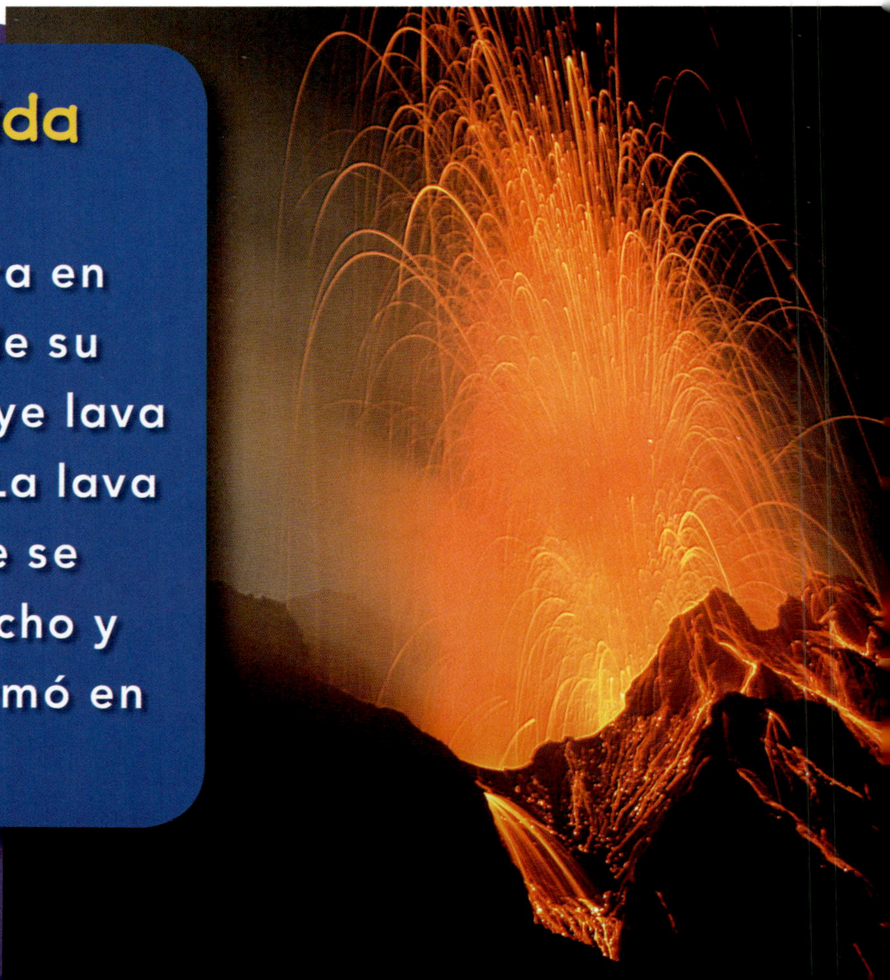

Roca líquida

Cuando un volcán entra en erupción, de su interior fluye lava caliente. ¡La lava es roca que se calentó mucho y se transformó en líquido!

¿Se te ocurre algo que pueda pasar de sólido a líquido? ¿Y el helado al sol?

Aun cuando el helado se derrite, sabe igual, ¿verdad? Eso es porque aún está compuesto por las mismas partículas.

Cuando el helado se calienta, sus partículas se mueven. Se expanden. Eso es lo que hace que un sólido se transforme en líquido.

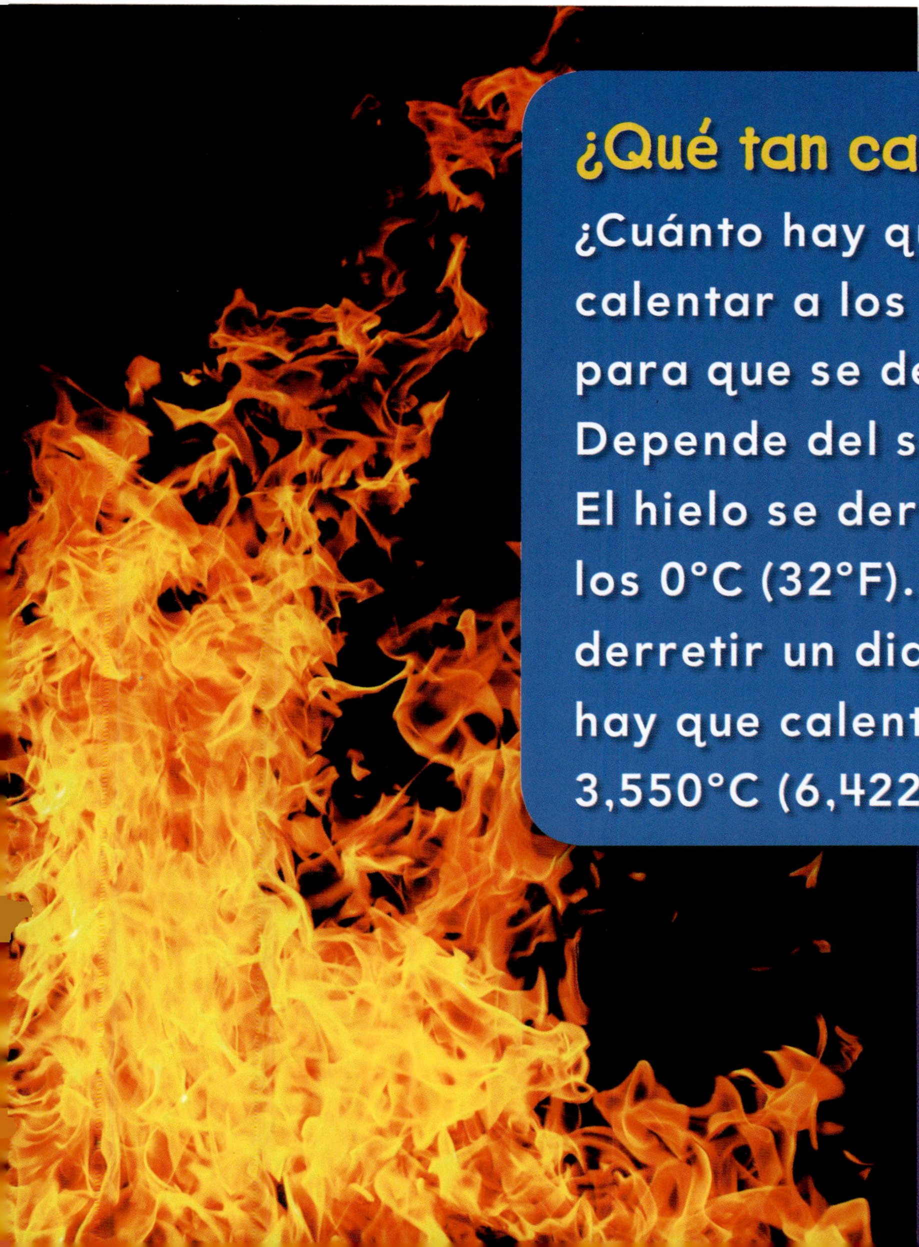

¿Qué tan caliente?

¿Cuánto hay que calentar a los sólidos para que se derritan? Depende del sólido. El hielo se derrite a los 0°C (32°F). ¡Para derretir un diamante hay que calentarlo a 3,550°C (6,422°F)!

Las propiedades de un sólido cambian cuando se transforma en líquido. A diferencia de los sólidos, los líquidos pueden cambiar de forma. Vierte agua en un vaso alto y delgado. El agua está alta y delgada.

Vierte esa misma agua en un vaso ancho y bajo. El agua se vuelve ancha y baja. Eso es porque los líquidos toman la forma de su recipiente.

Los líquidos también pueden cambiar. Cuando un líquido se calienta, sus partículas comienzan a moverse rápido. Se expanden aun más.

Eso hace que el líquido pueda transformarse en gas. Por eso ves el **vapor** que sale de una olla con agua hirviendo.

¡El agua es todos los tipos de materia!

Claro, el agua es un líquido. Pero se transforma en sólido cuando se congela (como el hielo o la nieve). Y se transforma en gas cuando se calienta mucho (como el vapor).

¿Se te ocurre algún tipo de materia que no puedas ver? ¡Ahora mismo estás respirando materia! El aire que te rodea es materia. Es un gas. Las partículas de los gases están muy separadas. Se mueven todo el tiempo.

Las partículas se mueven a diferentes velocidades en los sólidos, los líquidos y los gases.

En los sólidos, las partículas están muy juntas. No se mueven para nada.

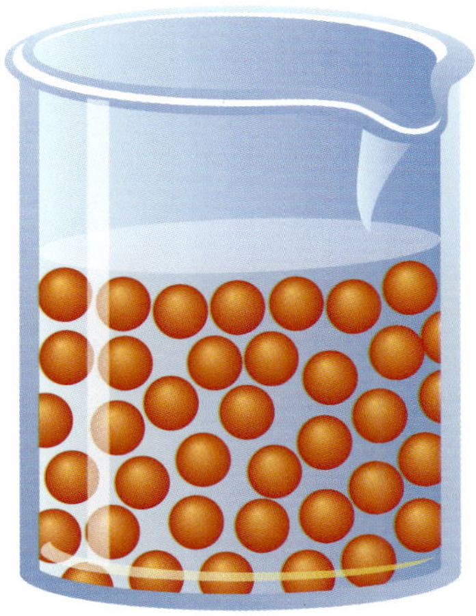

En los líquidos, las partículas están más alejadas. Se deslizan unas alrededor de otras.

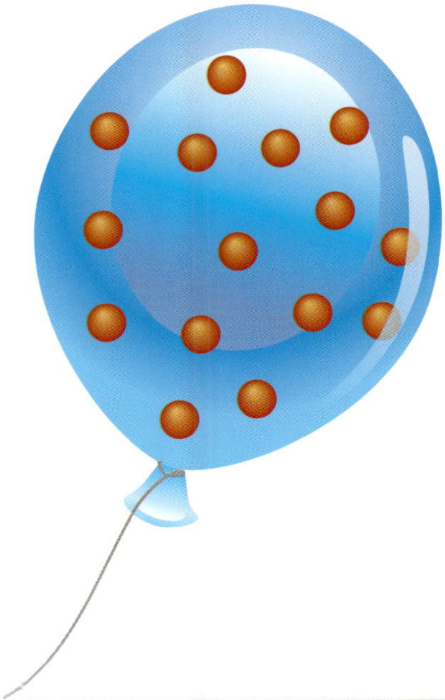

En los gases, las partículas están muy separadas. ¡Rebotan por todos lados!

Imagínate un tazón de sopa de fideos. Parece un líquido, ¿verdad? Pero los fideos son sólidos. Y está tan caliente que le sale vapor.

¡Eso quiere decir que en ese tazón hay sólidos, líquidos y gases! Eso se llama una **mezcla**.

¡Materia!

¿Adivina qué? ¡Tú también eres materia! Tal vez pienses que eres un sólido. Tus huesos son sólidos. Pero tu sangre es un líquido.

Y además respiras y espiras gases. ¡Eso quiere decir que en realidad eres una mezcla de los tres!

Laboratorio de ciencias: Paletas de jugo congelado

¡Convierte un sólido en líquido y luego vuelve a transformarlo en un sólido bueno para comer!

Materiales

- lata de jugo concentrado congelado de naranja
- jarra para poner el jugo
- agua
- cuchara grande para mezclar
- vasos de papel pequeños
- palitos de madera para helado
- congelador

Procedimiento:

1. Abre la lata del jugo concentrado congelado de naranja y ponlo en la jarra con la ayuda de la cuchara.
2. Agrega agua según las instrucciones del envase y mezcla para preparar el jugo.

3. Llena los vasos de papel hasta dos tercios con jugo.

4. Pon los vasos en el congelador durante una hora.

5. Saca los vasos del congelador y mete los palitos de madera para helado.

6. Vuelve a poner los vasos en el congelador durante cinco horas más o durante toda la noche.

7. Saca las paletas del congelador, despega los vasos de papel ¡y disfrútalas!

Glosario

materia—cualquier cosa que ocupa espacio

mezcla—combinación de dos o más cosas distintas

partículas—pequeñas partes de algo

propiedades—las maneras en que un objeto se ve, se siente y se comporta

vapor—gas que sale del agua hirviendo

Índice

Una científica actual

JoBea Holt es una científica que colocó cámaras en el sistema de transbordador espacial de la NASA. Los estudiantes podían controlar las cámaras desde sus aulas. ¡JoBea cree que los estudiantes pueden diseñar grandes experimentos! Ahora les enseña a los estudiantes sobre nuestro clima y cómo está cambiando.